DEPORTES PARA PRINCIPIANTES

Turno al bate en el béisbol

Bobbie Kalman y John Crossingham

🌱 Crabtree Publishing Company

www.crabtreebooks.com

DEPORTES PARA PRINCIPIANTES

Creado por Bobbie Kalman

Dedicado por Hadley Dyer
Para Rachael Dyer, mi pequeña gran hermana.

Mixed Sources
Product group from well-managed forests and other controlled sources
www.fsc.org Cert no. SW-COC-1271
© 1996 Forest Stewardship Council

Editora en jefe
Bobbie Kalman

Equipo de redacción
Bobbie Kalman
Hadley Dyer

Editora de contenido
Kelley MacAulay

Editor de proyecto
Robert Walker

Editoras
Molly Aloian
Kathryn Smithyman

Investigación fotográfica
Crystal Sikkens

Diseño
Margaret Amy Salter

Consultor lingüístico
Dr. Carlos García, M.D., Maestro bilingüe de Ciencias,
 Estudios Sociales y Matemática

Coordinadora de producción
Margaret Amy Salter

Consultor
Tom Valcke
Presidente y director ejecutivo
Salón de la Fama y Museo Canadiense de Béisbol

Ilustraciones
Todas las ilustraciones son de Trevor Morgan

Fotografías
Chicago Gems Women's Baseball Club: página 17
Fotolia.com: © Charles Kaye: página 11; © Terry Poche: página 9
Icon SMI: Andy Altenburger: páginas 25, 29; Mike Carlson: página 23;
 Jay Drowns/TSN/ZUMA Press: página 27; Mark Goldman: páginas 14-15;
 Ron Schwane: página 26; Aaron M. Sprecher: página 19; Ray Stubblebine: página 24;
 Scott D. Weaver: página 28; Jeff Zelevansky: página 10
iStockphoto.com: Rob Friedman: página 31; Manuela Krause: página 13 (parte superior);
 Matt Matthews: página 21
© ShutterStock.com/Tony Robinson: página 18
Otras imágenes de Corbis, Digital Stock y Photodisc

Traducción
Servicios de traducción al español y de composición de textos
 suministrados por translations.com

Library and Archives Canada Cataloguing in Publication

Kalman, Bobbie, 1947-
 Turno al bate en el béisbol / Bobbie Kalman y Hadley Dyer.

(Deportes para principiantes)
Includes index.
Translation of: Batter up baseball
ISBN 978-0-7787-8640-5 (bound).--ISBN 978-0-7787-8649-8 (pbk.)

 1. Baseball--Juvenile literature. I. Dyer, Hadley II. Title. III. Series.

GV867.5.K2418 2008   j796.357   C2008-902906-2

Library of Congress Cataloging-in-Publication Data

Kalman, Bobbie.
 [Batter up baseball. Spanish]
 Turno al bate en el béisbol / Bobbie Kalman y Hadley Dyer.
  p. cm. -- (Deportes para principiantes)
 Includes index.
 ISBN-13: 978-0-7787-8649-8 (pbk. : alk. paper)
 ISBN-10: 0-7787-8649-8 (pbk. : alk. paper)
 ISBN-13: 978-0-7787-8640-5 (reinforced library binding : alk. paper)
 ISBN-10: 0-7787-8640-4 (reinforced library binding : alk. paper)
 1. Baseball--Juvenile literature. I. Dyer, Hadley. II. Title. III. Series.

GV867.5.K3618 2008
796.357--dc22
                              2008019140

Crabtree Publishing Company

www.crabtreebooks.com   1-800-387-7650

Publicado en Canadá
Crabtree Publishing
616 Welland Ave.
St. Catharines, ON
L2M 5V6

Publicado en los Estados Unidos
Crabtree Publishing
PMB16A
350 Fifth Ave., Suite 3308
New York, NY 10118

Publicado en el Reino Unido
Crabtree Publishing
White Cross Mills
High Town, Lancaster
LA1 4XS

Publicado en Australia
Crabtree Publishing
386 Mt. Alexander Rd.
Ascot Vale (Melbourne)
VIC 3032

Impreso en Canadá

Contenido

¿Qué es el béisbol?	4
El campo	6
Los jugadores	8
Lanzar la pelota	10
Turno al bate	12
¡Es un *hit*!	14
¡Buena atrapada!	16
A toda velocidad	18
Robo de bases	20
Llegada al *home*	22
Ligas de béisbol	24
La Serie Mundial	26
Estrellas del béisbol	28
Únete a un equipo	30
Glosario e índice	32

¿Qué es el béisbol?

El béisbol es un **deporte de equipo**, en el que un equipo se enfrenta a otro. El béisbol se juega sobre un gran campo de juego. Los equipos se turnan para **batear** y **fildear**. Cuando a un equipo le toca batear, los **jugadores** o miembros del equipo tratan de anotar **carreras**. Para anotar una carrera, los jugadores comienzan por golpear la pelota de béisbol con un bate. Luego, los jugadores corren y pisan las tres **bases** y el *home*. Cada carrera vale un punto.

Fildeo

Cuando un equipo fildea, intenta detener al equipo que batea para que no anote carreras. El equipo que fildea **hace *outs*** para evitar que el equipo bateador anote.

*Este **bateador** está a punto de pegarle a la pelota.*

Turnos

En un partido de béisbol hay nueve **entradas**. En cada una de ellas, el equipo batea y fildea una sola vez. El equipo bateador batea hasta que tres de sus jugadores quedan fuera. Luego, los equipos cambian de lugares. El otro equipo batea hasta que tres de sus jugadores quedan fuera, con lo cual termina la entrada.

Cada equipo de béisbol tiene nueve jugadores.

El campo

Un campo de béisbol tiene dos áreas: el **jardín** y el **cuadro** o campo interior. El jardín es el área cubierta de césped que se encuentra fuera del **diamante de béisbol**. Termina en la pared o cerca que rodea al campo.

Diamante de béisbol

El cuadro es el área entre las tres bases y el *home*. Las tres bases son **primera base, segunda base** y **tercera base**. El *home* es el lugar donde los jugadores batean y donde anotan carreras. El cuadro también se conoce como diamante de béisbol, porque las bases y el *home* forman un rombo o diamante.

jardinero izquierdo (ver página 8)

*Las **líneas de foul** marcan los límites laterales del jardín.*

Esta área cubierta de césped es el jardín. Se encuentra fuera del diamante de béisbol y dentro de la cerca.

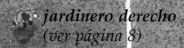
jardinero derecho
(ver página 8)

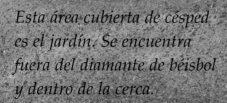
jardinero central
(ver página 8)

árbitro de primera base
(ver página 19)

jugador de segunda base
(ver página 8)

jugador de primera base
(ver página 8)

corredor de base
(ver página 9)

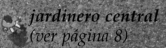
segunda base

primera base

campocorto
(ver página 8)

cuadro

Las **líneas de base** unen la primera base y la tercera base con el home.

El **lanzador** se para sobre el **montículo del lanzador**.

El bateador se para en la **caja de bateo**.

jugador de tercera base
(ver página 8)

tercera base

home

árbitro de tercera base
(ver página 19)

El receptor se para en la **caja del receptor**.

árbitro
(ver página 13)

La **banca** es el área donde se sientan los jugadores mientras esperan su turno para batear.

Los jugadores

Cuando un equipo fildea, siete jugadores **cubren** distintas áreas del campo. Cubrir significa atrapar las pelotas que son golpeadas o lanzadas a esa área del campo. Los jugadores que fildean pueden ser **jardineros** o **jugadores de cuadro**. Los jardineros cubren el jardín y los jugadores de cuadro cubren el cuadro. El lanzador y el receptor son los otros dos jugadores que fildean (ver páginas 10 y 11).

Jugadores de campo

Tres jardineros cubren el jardín. Ellos son el jardinero izquierdo, el jardinero central y el jardinero derecho. Cuatro jugadores de cuadro cubren el cuadro. Ellos son los jugadores de primera base, de segunda base, de tercera base y el campocorto (también llamado *shortstop* o parador en corto).

*A los jardineros y a los jugadores de cuadro se les llama **"jugadores de campo"**.*

Bateadores

Cuando a un equipo le toca batear, sus jugadores se turnan para hacerlo. El jugador que trata de pegarle a la pelota se llama bateador. El equipo que batea también puede tener corredores en las bases. El corredor es un jugador que le pegó a la pelota y alcanzó una base sin quedar fuera.

Esta jugadora alcanzó la primera base sin problemas. Ahora es una corredora.

Lanzar la pelota

La función del lanzador es **lanzar** la pelota. El jugador lanza la pelota sobre el *home* para que la reciba el receptor. Intenta lanzar la pelota por la **zona de *strike***. La zona de *strike* es el área que está sobre el *home* entre el pecho y las rodillas del bateador (ver página 12).

Greg Maddux es lanzador. Está a punto de lanzar la pelota.

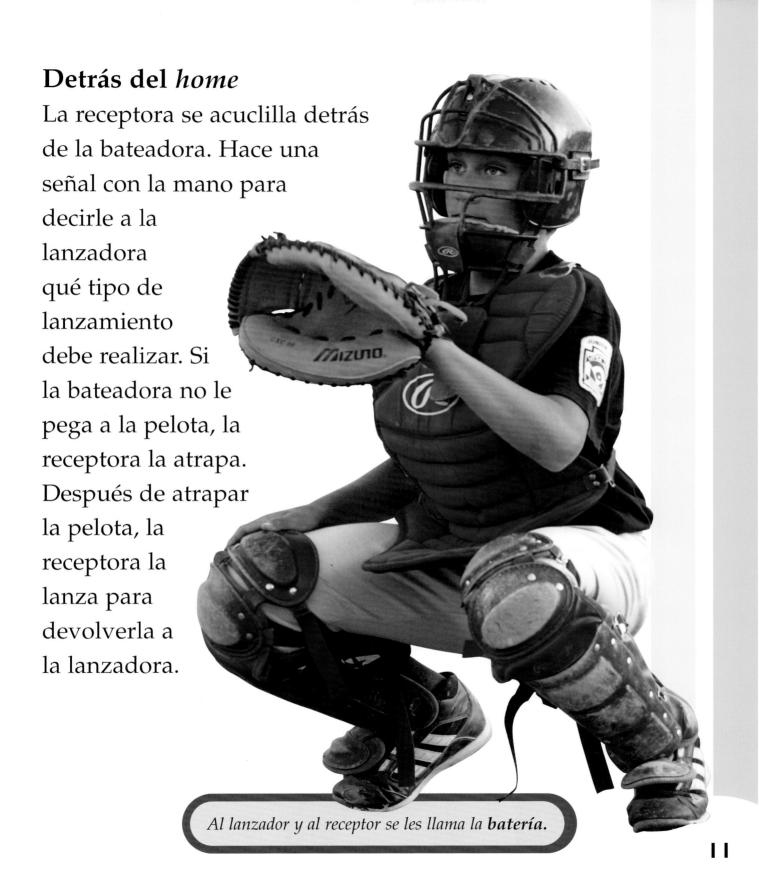

Detrás del *home*

La receptora se acuclilla detrás de la bateadora. Hace una señal con la mano para decirle a la lanzadora qué tipo de lanzamiento debe realizar. Si la bateadora no le pega a la pelota, la receptora la atrapa. Después de atrapar la pelota, la receptora la lanza para devolverla a la lanzadora.

*Al lanzador y al receptor se les llama la **batería.***

Turno al bate

Los jugadores del equipo bateador se turnan para batear. El bateador sólo intenta golpear los lanzamientos que se encuentran dentro de la zona de *strike*.

zona de strike

¡Estás fuera!

Si el bateador no intenta golpear un lanzamiento que está dentro de la zona de *strike*, el lanzamiento es un *strike*. Si el bateador intenta golpear la pelota pero no hace contacto con ella, también es un *strike*. Cuando el bateador llega a tres *strikes*, tiene un **ponche**. El turno de bateo termina si hay un ponche.

Bola uno, bola dos

Si un lanzador realiza un lanzamiento fuera de la zona de *strike*, el bateador no debe intentar golpearlo. Si no hace el intento, el lanzamiento es una **bola mala** (o simplemente bola). Si el lanzador lanza cuatro bolas, el bateador puede avanzar a la primera base sin tener que golpear la pelota. Esto se llama **base por bolas**.

Este bateador no intentó golpear la pelota porque el lanzamiento estaba fuera de la zona de strike.

¡Oiga, árbitro!

El árbitro hace que todos los jugadores cumplan las reglas del juego. Se para detrás del receptor. Desde allí, puede ver si un lanzamiento es una bola mala o un *strike*. Él **canta** si es "bola mala" o *"strike"*.

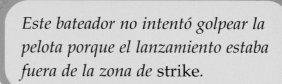

Este árbitro canta un strike.

13

¡Es un *hit*!

Cuando un bateador le pega a la pelota, tira el bate y corre hacia la primera base. Si llega a primera base sin quedar fuera, se convierte en corredor de base. Al corredor de base también se le conoce como **corredor**.

Tipos de *hits*

Si el bateador llega a primera base, el *hit* se llama **sencillo**. Si golpea la pelota lo suficientemente lejos, puede llegar a segunda base. Un *hit* con el que llega a segunda base se llama **doble**. Un jugador que batea la pelota hasta el jardín y llega a tercera base tiene un **triple**. Un jugador que toca todas las bases y regresa al *home* hace un **cuadrangular** o *home run*.

Este corredor (de blanco) corre desde la tercera base al home.

¡Buena atrapada!

Cuando un bateador le pega a la pelota, los fildeadores corren y tratan de atraparla. Si un fildeador logra atrapar la pelota antes de que toque el suelo, el bateador queda fuera. Este tipo de *out* se llama **elevado**. Si la pelota toca el suelo, el fildeador la levanta y se la lanza a otro fildeador. Una pelota que toca el suelo antes de que el fildeador la atrape se llama **rola**.

Este jardinero atrapó un elevado. El bateador que golpeó la pelota ahora está fuera.

Outs por rola

El fildeador que levanta una rola la lanza a un jugador de base. El fildeador lanza la pelota al jugador de base que se encuentra más cerca del corredor. Si el corredor se dirige a la primera base, el fildeador lanza la pelota al jugador de primera base. Éste atrapa la pelota y toca la base. Si toca la base antes de que llegue el corredor, éste queda fuera. Este *out* se llama **out por rola.**

Esta jugadora de primera base está tocando la primera base cuando atrapa la pelota. La corredora queda fuera porque aún no había llegado a la primera base.

A toda velocidad

Un corredor que llega a salvo a una base espera la oportunidad de correr hacia la siguiente base. Si el bateador le pega a la pelota, el corredor puede correr o quedarse en la base. El corredor debe decidir si puede llegar a la siguiente base antes de que el fildeador consiga la pelota.

A avanzar

No puede haber dos corredores en una misma base. Por ejemplo, un corredor puede estar en la segunda base, y un compañero en la primera. Si el bateador le pega a la pelota, los corredores de primera y segunda base deben avanzar a las siguientes bases para que el bateador pueda correr a la primera. Esta corredora debe avanzar a la siguiente base porque su compañera le pegó a la pelota.

Tocado

Si un corredor no está en una base y el fildeador lo toca con la pelota, queda fuera. Esta salida se llama **out** **por toque**. En cada base hay un **árbitro de base**. Ellos deciden si un corredor está fuera o está a salvo o *safe*. Un jugador está *safe* si llegó a una base sin ser tocado.

El jugador de base tocó a este corredor con la pelota. El jugador fue tocado y está fuera.

Robo de bases

Un corredor puede intentar correr a la siguiente base antes de que un bateador le pegue a la pelota. Este movimiento se llama **robo de base**. Para robarse una base, el corredor espera hasta que el lanzador inicie su lanzamiento. Entonces, el corredor corre lo más rápido posible hacia la siguiente base.

Al robarse una base, el corredor suele deslizarse con los pies por delante al llegar a la siguiente base.

Una ventaja

A veces, un corredor de base se **abre de la base**. El corredor se abre de la base moviéndose unos pasos hacia la siguiente base antes de que se realice un lanzamiento. Cuando un corredor se abre de la base, tiene una ventaja para llegar a la próxima base. Sin embargo, el corredor debe tener cuidado de no alejarse demasiado de la base, ya que podría ser tocado si el lanzador le lanza de repente la pelota a un jugador de base cercano.

Este corredor de base (derecha) se abrió de la primera base.

Llegar al *home*

Cada corredor que llega a *home* sin ser puesto *out* anota una carrera. Sin embargo, un corredor puede ser tocado antes de llegar al *home*. El corredor puede ser tocado antes de llegar a *home*, usualmente por el receptor.

Este corredor ha sido tocado por el receptor.

Cuadrangular con la casa llena

Un **cuadrangular con la casa llena** ocurre cuando un equipo anota cuatro carreras de una sola vez. Un cuadrangular con la casa llena es un *home run* cuando las bases están llenas, es decir, cuando hay un corredor en cada una de ellas. Cuando un bateador pega un cuadrangular con la casa llena, el bateador y los corredores de la primera, segunda y tercera base anotan carreras.

Ligas de béisbol

La mayoría de los equipos de béisbol hacen parte de una liga. Una **liga** está formada por un grupo de equipos que por lo general se enfrentan entre ellos.

El nivel más alto

La **Major League Baseball** es el nivel más alto del béisbol. Está formada por dos ligas: la **Liga Nacional** y la **Liga Americana**. La Liga Nacional está formada por dieciséis equipos y la Liga Americana, por catorce. En la Major League Baseball participan solamente equipos formados por hombres. No hay ligas **profesionales** para mujeres.

Ryan Howard juega para un equipo de la Liga Nacional que se llama Philadelphia Phillies.

Las ligas menores

Las **ligas menores de béisbol** están formadas por veinte ligas. En total, 246 equipos integran estas ligas. Los jugadores de los equipos de las ligas menores entrenan para formar parte de los equipos de las ligas mayores. Sin embargo, no todos los jugadores llegan a las ligas mayores. Sólo los mejores jugadores de los equipos de las ligas menores son convocados para ser parte de los equipos de las ligas mayores.

Justin Leone es un jugador de las ligas menores de béisbol.

La Serie Mundial

La **Serie Mundial** es el **campeonato** final de la Major League Baseball. Al final de la **temporada**, los cuatro mejores equipos de la Liga Americana y la Liga Nacional juegan los *playoffs*, es decir, las eliminatorias.

Los *playoffs*

En los *playoffs*, los equipos de la Liga Americana juegan entre sí, y los equipos de la Liga Nacional hacen lo mismo. El equipo de la Liga Americana que gana el mayor número de de partidos se convierte en el **campeón de la Liga Americana**. El equipo de la Liga Nacional que gana el mayor número de partidos se convierte en el **campeón de la Liga Nacional**.

Justin Morneau juega para los Minnesota Twins. Este equipo jugó contra los Oakland Athletics en los playoffs *de 2006.*

Lo mejor de lo mejor

La Serie Mundial se juega cada año en octubre. En la Serie Mundial se enfrentan el campeón de la Liga Americana y el campeón de la Liga Nacional. El equipo que gana cuatro de los siete partidos de esta serie se convierte en el campeón de la Serie Mundial.

Albert Pujols es el jugador de primera base de los St. Louis Cardinals. Ayudó a su equipo a ganar la Serie Mundial en 2006.

Estrellas del béisbol

Los nombres de las leyendas del béisbol se conocen en todo el mundo. Entre ellos, podemos mencionar a Joe DiMaggio, Babe Ruth, Mickey Mantle, Cy Young, Reggie Jackson y muchos más. Algunas de las estrellas actuales del béisbol aparecen en estas páginas.

Greg Maddux

Greg Maddux es uno de los mejores lanzadores de todos los tiempos. Juega para Los Ángeles Dodgers. Maddux ayudó a su equipo a ganar más de 300 partidos. También ha lanzado más de 3,000 ponches.

Derek Jeter

Derek Jeter, que se ve a la derecha, es el campocorto de los New York Yankees. Ayudó a los Yankees a ganar cuatro campeonatos de la Serie Mundial.

Vladimir Guerrero

Vladimir Guerrero, que aparece a la derecha, es un jardinero de Los Ángeles Angels of Anaheim. Es muy bueno para pegarle a la pelota y robar bases, además de ser un gran fildeador. En dos ocasiones, Guerrero ha bateado más de 30 cuadrangulares y robado 30 bases en la misma temporada.

Albert Pujols

Albert Pujols es un gran bateador y jugador de primera base de los St. Louis Cardinals. Bateó al menos 30 cuadrangulares en cada uno de sus primeros seis años en las ligas mayores. Fue el primer jugador en lograr esta hazaña.

Únete a un equipo

Si quieres jugar al béisbol, puedes unirte al equipo de tu escuela o centro comunitario. Seguramente en tu ciudad hay un equipo de las **Pequeñas ligas**. Las Pequeñas ligas son para jugadores jóvenes. Más de tres millones de jugadores en más de 100 países juegan en equipos de las Pequeñas ligas.

Éstos son jugadores de equipos de Pequeñas ligas.

Otros juegos de pelota

El **softbol** y el *teeball* son juegos parecidos al béisbol. Las pelotas de softbol son más grandes que las de béisbol. Además, el diamante de softbol es más pequeño que el de béisbol. En el *teeball*, el bateador golpea una pelota que está sobre un poste llamado ***tee***. Jugar al *teeball* es un excelente entrenamiento para aprender a batear antes de jugar al softbol o al béisbol.

Este niño juega teeball.

Glosario

Nota: Es posible que las palabras en negrita que están definidas en el texto no figuren en el glosario.

base (la) Bolsa que se encuentra en una de las tres esquinas de un diamante de béisbol

bateador (el) Jugador que intenta pegarle a una pelota

campeonato (el) Competencia que se realiza para decidir cuál es el mejor equipo de un deporte

canto (el) Decisión tomada por un árbitro

elevado (el) Pelota bateada a gran altura

hacer *out* El acto de finalizar un turno de bateo

***home* (el)** La base que debe alcanzar un jugador para anotar una carrera

lanzador (el) El Jugador que lanza la pelota al bateador

profesional Jugador al que se le paga por practicar un deporte

receptor (el) El Jugador que atrapa los tiros del lanzador

temporada (la) Período durante el que se juega un deporte

Índice

árbitros 7, 13, 19

bases por bolas 13

batear 4, 5, 6, 7, 9, 11, 12-13, 14, 16, 18, 20, 23, 31

campocorto 7, 8, 28

corredores 7, 9, 14, 15, 17, 18-19, 20, 21, 22, 23

cuadrangulares 14, 23, 29

cuadro 6, 7, 8

diamante de béisbol 6-7, 31

fildear 4, 5, 8, 16, 17, 18, 19, 29

home 4, 6, 7, 10, 11, 14, 15, 22

jardín 6, 7, 8, 14

jugadores de base 7, 8, 17, 19, 21, 27, 29

lanzadores 7, 8, 10, 11, 13, 20, 21, 28

ligas 24-25, 26, 27, 29, 30

outs 4, 5, 9, 12, 16-17, 19, 21, 22, 28

primera base 6, 7, 9, 13, 14, 17, 18, 21, 23

receptores 7, 8, 10, 11, 13, 22

segunda base 6, 7, 14, 18, 23

Serie Mundial 26-27, 28

tercera base 6, 7, 14, 15, 23

zona de *strike* 10, 12, 13

Impreso en Canadá